Mi biblioteca de ciencias

Adaptaciones de las plantas

Julie K. Lundgren

Editora científica:
Kristi Lew

ROURKE PUBLISHING

www.rourkepublishing.com

Editora científica: Kristi Lew

Antigua maestra de escuela secundaria con una formación en bioquímica y más de 10 años de experiencia en laboratorios de citogenética, Kristi Lew se especializa en hacer que la información científica compleja resulte divertida e interesante, tanto para los científicos como para los no científicos. Es autora de más de 20 libros de ciencia para niños y maestros.

www.rourkepublishing.com

Photo credits: Cover © tungtopgun, Cover logo frog © Eric Pohl, test tube © Sergey Lazarev; Page 5 © Olena Mykhaylova; Page 6 © steve estvanik; Page 7 © MARGRIT HIRSCH; Page 9 © urosr; Page 10 © Roman Sigaev; Page 11 © Joao Virissimo; Page 13 © 2265524729; Page 14 © Vladimir Melnik; Page 15 © Vladimir Melnik; Page 17 © Leszek Wygachiewicz; Page 19 © irishman; Page 20 © Rechitan Sorin; Page 21 © VeryBigAlex, scoutingstock

Editora: Kelli Hicks

Cubierta y diseño de página de Nicola Stratford, bdpublishing.com
Traducido por Yanitzia Canetti
Edición y producción de la versión en español de Cambridge BrickHouse, Inc.

Library of Congress Cataloging-in-Publication Data

Lundgren, Julie K.
 Adaptaciones de las plantas / Julie K. Lundgren.
   p. cm. -- (Mi biblioteca de ciencias)
Includes bibliographical references and index.
ISBN 978-1-61741-735-1 (Hard cover) (alk. paper)
ISBN 978-1-61741-937-9 (Soft cover)
ISBN 978-1-61236-911-2 (Soft cover - Spanish)
1. Plants--Adaptation--Juvenile literature. I. Title.
QK912.L86 2012
581.4--dc22
                                      2011938862

Rourke Publishing
Printed in the United States
of America,
North Mankato, Minnesota
091911
091911MC

www.rourkepublishing - rourke@rourkepublishing.com
Post Office Box 643328 Vero Beach, Florida 32964

Contenido

Observa las plantas

Una planta es algo vivo. La mayoría de las plantas pueden producir su propio alimento usando la **energía** del sol.

Las plantas producen su alimento para crecer.

Las plantas son diferentes entre sí. Si observas una planta puedes saber cómo vive.

Las plantas que crecen en la sombra pueden tener hojas grandes que las ayuden a obtener más luz solar.

Las espinas impiden que muchos animales se coman los retoños de las rosas.

Adaptaciones de las plantas

Las plantas cambian a través del tiempo. Estas **adaptaciones** las ayudan a **sobrevivir**.

Los árboles más altos obtienen más luz solar.

Los tallos de los cactus tienen una gruesa **capa** cerosa. Esta capa reduce la pérdida de agua.

Los cactus pueden crecer en desiertos calientes y secos.

11

Algunas plantas acuáticas tienen hojas grandes y planas. Estas hojas flotan en la **superficie** para obtener más luz solar.

Los nenúfares están adaptados a la vida acuática.

En lugares fríos, las plantas bajitas evitan los vientos helados.

Las plantas árticas, como la gayuba, crecen cerca del suelo.

Más de 1500 tipos de plantas sobreviven a los breves veranos árticos y a los suelos pobres.

15

Plantas extrañas, lugares extraños

Las plantas se han adaptado a lugares extraños. Algunas plantas de **pantano** atrapan y **digieren** insectos para compensar la falta de **nutrientes** del suelo donde viven.

La drosera es una planta carnívora. Atrapa insectos con una sustancia dulce y pegajosa.

17

No todas las plantas viven sobre el suelo. Algunas crecen en las copas de los árboles y obtienen el agua de la lluvia o del aire.

Los árboles de los bosques tropicales suelen tener otras plantas, como las bromelias, que crecen en sus ramas.

Las plantas tienen diferentes apariencias y formas de vida. Observa las plantas para saber cómo viven.

Las plantas crecen casi en cualquier lugar. Algunas pueden crecer incluso debajo del agua.

DEMUESTRA lo que sabes

1. ¿De qué manera se adaptan las plantas al lugar donde viven?

2. ¿Por qué crees que algunos cactus tienen espinas?

3. Observa las plantas de tu vecindario. ¿Cómo se han adaptado a vivir en tu área?

Glosario

adaptaciones: cambios a través del tiempo que ayudan a sobrevivir

capa: cubierta, lo que cubre o recubre algo

digieren: descomponen alimentos para que el cuerpo los pueda usar o procesar

energía: capacidad de hacer un trabajo o generar un proceso, como la que emite el sol para alimentar las plantas

nutrientes: minerales y otras sustancias del suelo que son necesarios para que las plantas crezcan y se mantengan saludables

pantano: tierra húmeda y musgosa con pocos nutrientes en el suelo

sobrevivir: continuar viviendo pese a los peligros

superficie: la capa o parte más externa de algo, como la parte superior de una masa de agua

Índice

Sitios en la Internet

http://urbanext.illinois.edu/gpe/case1/c1facts1b.html

http://water.epa.gov/type/wetlands/bog.cfm

www.cotf.edu/ete/modules/msese/earthsysflr/adapt.html

www.ftexploring.com/me/photosyn1.html

www.mbgnet.net/bioplants/adapt.html

www.tooter4kids.com/Plants/parts_of_plants.htm

Acerca de la autora

Julie K. Lundgren creció cerca del Lago Superior, donde le gustaba pasar tiempo en el bosque, recoger bayas y ampliar su colección de rocas. Su interés en la naturaleza la llevó a graduarse de biología. Hoy vive en Minnesota con su familia.